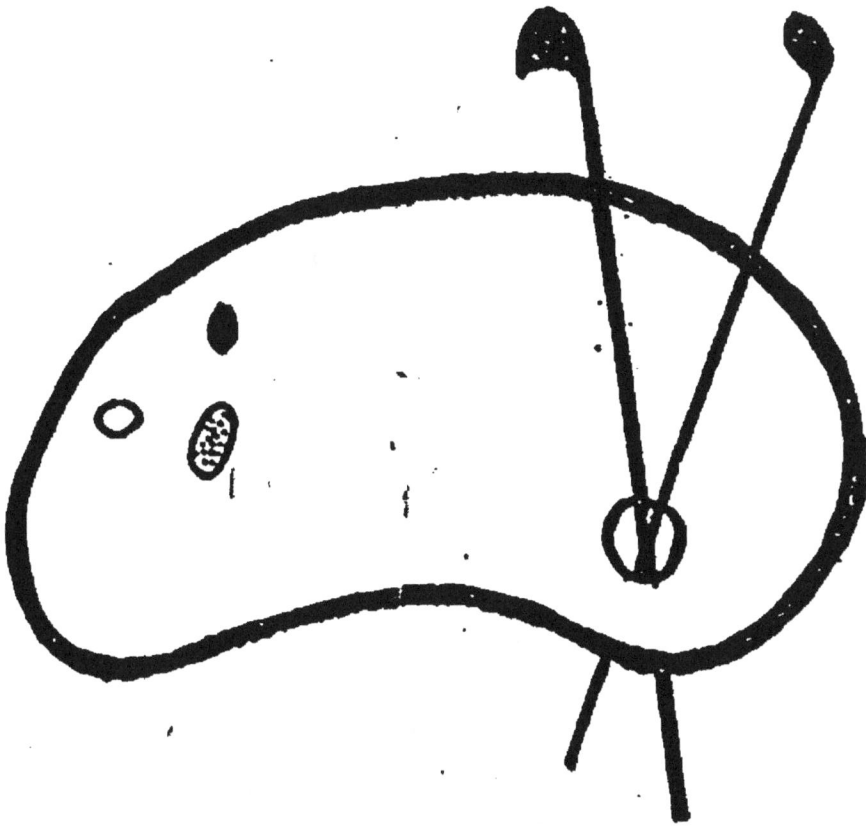

**COUVERTURE SUPERIEURE ET INFERIEURE
EN COULEUR**

A. BAUDOUIN

INSTITUTEUR

EN TUNISIE

NOTES DE VOYAGE

BAUGÉ

IMPRIMERIE DALOUX, 14 bis, RUE LOFFICIAL

1900

EN TUNISIE

NOTES DE VOYAGE

A. BAUDOUIN

INSTITUTEUR

EN TUNISIE

NOTES DE VOYAGE

BAUGÉ

IMPRIMERIE DALOUX, 14 bis, RUE LOFFICIAL

—

1900

A Monsieur **MILLET**

RÉSIDENT GÉNÉRAL DE FRANCE EN TUNISIE

L'auteur dédie ces quelques pages en
témoignage de reconnaissance

AVANT-PROPOS

C'est pendant les vacances de Pâques 1899 que, grâce à l'initiative de MM. Delagrave et Devinat, à la générosité des Compagnies de chemins de fer et de la Compagnie transatlantique et surtout à celle de M. René Millet, résident général de France à Tunis, 110 membres de l'enseignement primaire français, au nombre desquels j'eus la bonne fortune de me trouver, purent visiter la Tunisie.

Cédant à la sollicitation de mes amis, je publiai à mon retour, dans les journaux locaux, quelques-unes de mes notes de voyage. Je ne

fais aujourd'hui que les réunir et les com-
pléter.

On trouvera peut-être que je parle de la
Tunisie avec enthousiasme. C'est vrai. Mais
cet enthousiasme est sincère et je ne rapporte
que ce que j'ai vu.

Si ce petit livre peut contribuer à faire
connaître et aimer la Tunisie, je serai récom-
pensé bien au-delà de ce qu'il m'a coûté
à écrire et j'aurai en partie payé la généreuse
et cordiale hospitalité que m'a offerte l'année
dernière ce charmant pays.

EN TUNISIE

(NOTES DE VOYAGE)

UNDI, 27 MARS. — Onze heures. Nous arrivons sur le quai de la Joliette encombré de colis de toute espèce, sillonné de véhicules de toutes sortes. Des gens affairés vont et viennent, se poussant, se bousculant, s'interpellant sur tous les tons et dans les langues les plus diverses.

Amarrée à son ponton, la *Ville de Tunis* crache des torrents de fumée noire. Les dernières formalités d'embarquement remplies, nous montons à bord. Chacun dépose ses

1

bagages dans sa cabine et.... tout le monde sur le pont !

Nous sommes là 110 *primaires* venus des quatre coins de la France, tous enchantés, rayonnants.

Midi. Lentement, le paquebot se détache de son ponton ; il évolue à travers les innombrables navires immobiles et sort du bassin. Voici Ratonneau, Pomègue, le château d'If avec ses souvenirs romantiques, le Frioul, le phare de Planier. Le panorama de la grande cité phocéenne, enserrée dans son cirque de montagnes, se déroule à nos yeux, dominé par la haute colline de N.-D. de la Garde dont la statue dorée resplendit sous le brillant soleil de Provence. Peu à peu, les détails s'effacent, la côte se profile à l'est en une longue ligne noire estompée dans une brume transparente.

Nous voici dans le golfe du Lion. Mauvais passage pour les estomacs délicats. La lame, courte et rapide, imprime au navire un tangage inquiétant. Dès 1 heure, un malheureux excursionniste « crache » à la mer son déjeûner. Cela jette un froid. Mais chacun veut faire bonne contenance et la gaieté redouble. Cependant, peu à peu, les figures s'allongent, les conversations languissent, le pont se dégarnit.

Je fais bonne contenance jusqu'à 4 heures. Mais à ce moment, je suis pris à mon tour. Je descends à ma cabine et m'allonge sur mon étroite couchette. Beaucoup ont fait comme moi et les gémissements que j'entends de tous côtés témoignent des ravages du mal de mer.

Peu à peu, les bruits s'apaisent. Je n'entends plus que le ronflement de l'hélice juste au-dessous de moi. Je m'endors.

Je m'éveille à minuit. Tout est calme. Le
navire paraît immobile. Serait-il donc arrêté ?
Mais non, l'hélice tourne toujours. Je regarde
par un hublot. La blanche lumière de la lune
s'épand sur la mer tranquille et calme comme
un lac. Mon estomac est remis en place. J'at-
tends avec impatience la venue du jour.

MARDI 28 MARS. — Enfin, voici l'aurore.
Vite sur le pont ! Quelle différence avec la
veille ! Une mer d'huile, d'un bleu admirable,
sur laquelle le navire glisse immobile. Pas un
souffle de brise. Rapidement le pont se garnit.
Les mines sont joyeuses, la gaieté est revenue.

Oh ! l'admirable journée ! Nous en garde-
rons tous un souvenir ineffaçable. Quel brillant soleil ! Quel ciel limpide ! Des bandes de
marsouins s'ébattent autour du bâtiment. Une
nuée de mouettes nous suivent, prêtes à se

précipiter en criant sur le moindre objet qui tombe du navire.

Les côtes de Corse, aperçues à l'aube, s'effacent derrière nous. Celles de Sardaigne pointent à l'horizon. Nous les suivons pendant presque tout le jour. A l'aide de nos jumelles, nous distinguons parfaitement les détails du rivage, les troupeaux, les hameaux avec leurs maisons blanches et leurs toits aplatis de tuiles rouges. Voici le petit port de San-Pietro où quelques navires sont à l'ancre. Deux vapeurs fument dans la rade. « Encore douze ou treize heures, nous dit le capitaine, et nous serons à Tunis ».

La Vacca! Il Toro! Deux énormes rochers noirs auxquels leur forme singulière a valu leur nom. La *Ville de Tunis* passe fièrement entre les deux.

Pendant le déjeûner, M. René Millet, Rési-

dent général en Tunisie qui voyage avec nous,
vient par anticipation nous souhaiter la bienvenue. Tête fine, parole chaude et vibrante ; il
nous est tout de suite sympathique.

Cependant le soleil s'abaisse à l'horizon,
ses rayons semblent s'allonger sur l'eau bleue,
puis son disque d'or disparait lentement dans
les flots. L'ombre s'épaissit. Elle nous enve-
loppe. Bientôt, là-bas, devant nous, des lumiè-
res piquent la nuit. Ce sont les phares de la
côte d'Afrique qui s'allument et que nous
voyons étinceler comme autant d'étoiles depuis
Porto-Farina jusqu'à Tunis.

Les points lumineux deviennent plus nombreux et plus brillants. Voici La Goulette.
Nous entrons dans le canal. La *Ville de Tunis*
ralentit sa marche. Des felouques partant pour
la pêche passent nombreuses et rapides à
bâbord et à tribord, secouées par le remous du

navire. Avec leur grande voile triangulaire, on les prendrait pour d'énormes oiseaux marins.

Encore quelques tours d'hélice, des commandements brefs et rapides, un bruit de chaînes et de poulies qui grincent, puis nous restons immobiles. Le navire borde le quai, en face du bâtiment de la douane.

Le pont-volant n'est pas abattu que déjà une foule d'Arabes sont grimpés à bord malgré les efforts des officiers et de l'équipage. — « Dis, monsir ! Portir bagages ? — C'est le diable pour s'en débarrasser.

Enfin nous voici à terre, nos valises à la main. Un brigadier tunisien des douanes me salue par mon nom. Je suis tout surpris et tout heureux de reconnaître une bonne tête d'Arbi que j'ai vue nombre de fois au mois d'août précédent à Baugé, où le brave brigadier avait été amené par son Inspecteur.

Au sortir de la douane, nous sommes reçus par plusieurs hauts fonctionnaires de la Résidence, M. Machuel, directeur de l'Enseignement et M. Versini, Inspecteur d'Académie en tête. Un grand nombre d'Instituteurs et d'Institutrices les accompagnent.

Nous voici en route pour le lycée Carnot où nous serons logés pendant notre séjour. Dix minutes de marche et nous sommes arrivés. Nous grimpons au dortoir et chacun choisit son lit au gré de son caprice ou de ses sympathies.

Il n'est que onze heures. Va-t-on bourgeoisement se mettre au lit sans tarder ? — « Allons faire un tour en ville ! » Et nous voilà dégringolant les escaliers.

Nous arrivons sur l'Avenue de la Marine ; l'Avenue de France est devant nous. Nous nous y engageons. A deux cents mètres, dans une rue à gauche, un grand bâtiment avec vérandah resplendit de lumière. Ce doit être, une brasserie. — Allons-y ! — Nous entrons, à trente ou quarante, un peu bruyants et tapageurs, l'air conquérant. Quelques consommateurs attardés des deux sexes achèvent leur bock. Il y a un orchestre. Il joue la Marseillaise que nous reprenons en chœur, puis le Chant du Départ, les Girondins, la marche des Zouaves.

> Pan, pan, l'Arbi.
> Les chacals sont par ici !....

Bravos, trépignements, cris : Vive la France ! Vive la Tunisie ! Les consommateurs électrisés se joignent à nous. C'est un vacarme infernal.

Nous nous départons bien un peu de la gravité et du calme qui convient aux éduca-

1.

teurs de la jeunesse. Mais au diable la péda-
gogie ! Et puis après tout nous ne faisons pas
de mal. Si nous sommes bruyants, nous ne
sommes ni grossiers ni indécents.

Mercredi 29 Mars. — Le réveil est à cinq
heures. Mais soixante minutes avant, dans
notre dortoir, plusieurs loustics commencent
à lancer, à demi-voix d'abord, très haut ensuite, des plaisanteries plus ou moins spirituelles
qui ont le don de nous mettre en gaieté. Nous
nous reportons en imagination au temps —
déjà loin hélas ! — où nous dormions ainsi
dans de grands dortoirs sous la surveillance
d'un pion grincheux. Est-ce ce souvenir ? Est-
ce l'air ambiant ? Je ne sais. Toujours est-il
que nous nous sentons une extraordinaire
propension à faire du tapage.

Nous déjeûnons au dortoir même d'une

grande tasse d'excellent café dans laquelle nous trempons une tranche de délicieux pain frais coupé à même la miche.

Puis nous partons pour le Bardo entassés quatre à quatre dans une trentaine de voitures.

Notre cortège se déroule à travers la ville. Tout est nouveau pour nous. Nous marchons d'étonnement en étonnement. Après avoir admiré la splendeur de la ville européenne, les palais de l'Avenue de la Marine et les superbes magasins de l'Avenue de France, notre curiosité est excitée au plus haut point par tout ce que nous voyons dans les rues de la ville arabe. Foule grouillante et bigarrée de Turcs en redingote et en fez rouge, d'Arabes en burnous et en turbans, graves et dignes, de Juifs, de nègres, etc. Assis, couchés ou accotés aux murs, sirotant leur tasse de café ou fumant leur éternelle cigarette, des Arabes nous regardent passer, impassibles. Ça et là, une boutique de marchand de beignets à l'huile, des monceaux de dattes, de figues, assiégés par des myriades de mouches, des tas d'oranges, des paquets de légumes.

La porte de la Casbah franchie, nous entrons dans la vallée de la Manouba, pleine de verdure et de parfums. Nos petits chevaux trottent sur la route poussiéreuse et nous admirons le paysage. A notre droite, des champs cultivés entourés de haies de cactus gigantesques, quelques *bordjs* ruinés, les restes d'un aqueduc espagnol, des gourbis. A gauche, la ligne de Tunis à Constantine, des touffes d'eucalyptus et des bosquets d'orangers en fleurs ; plus loin, à l'horizon, les arches de l'ancien aqueduc romain qui amenait à Carthage les eaux de Zaghouan.

Voici le Bardo. Commencé par le bey

Mohammed, ce palais fut achevé par son successeur, Mohammed-Es-Sadock qui en fit sa résidence préférée. Le bey actuel habite La Marsa et le Bardo est abandonné. Du reste, une grande partie de ses bâtiments tombant en ruines, on les a démolis et les pierres ont servi à la construction du quai de Tunis.

Un musée des antiquités a été établi dans l'ancien harem. Fondé par M. de la Blanchère, il a été solennellement inauguré le 7 mai 1888, et n'a cessé depuis de se développer. M. Gauckler, le savant directeur du service des antiquités, nous le fait visiter en détail. Après avoir gravi *l'escalier des Lions*, nous entrons dans un grand *patio* où nous admirons deux superbes mosaïques d'Oudna. Tout autour des murs sont rangées des stèles, des inscriptions anciennes, quelques statues provenant de tous les points de la Tunisie. A gauche s'ouvre la salle des fêtes, « longue de 18 mètres 20 et large de 13 mètres 40. Son plafond, en bois découpé, a la forme d'une coupole à seize pans, avec une queue de voûte en stalactite au centre, prolongée par une chaîne dorée qui retenait autrefois un grand lustre. Il est couvert d'un réseau polygonal de nervures en relief, délicat lacis d'or qui le divise en caissons étoilés, diversement coloré d'un glacis transparent vert, argenté, rouge et bleu sur fond d'or uniforme. L'ensemble de la décoration, à part quelques rinceaux de goût italien dans les écoinçures et les frises de bordure, est de style arabe pur. Ce chef-d'œuvre, d'un éclat éblouissant, est unique dans l'Afrique française ».

(P. GAUCKLER. *Guide du visiteur au Musée du Bardo.*

C'est dans cette salle qu'est exposée la grande

mosaïque (elle a plus de 130 mètres carrés), trouvée en 1886 à Sousse, par le 4e tirailleurs. Elle représente Neptune sur un char attelé de chevaux marins, environné de sirènes, de tritons et de néréides. C'est la plus grande qui soit dans un musée. D'autres mosaïques, des statues, des bustes, dés lampes, des poteries et une foule d'autres objets, romains ou puniques, sont rangés dans des vitrines ou sur des consoles.

A l'extrémité opposée du *patio*, se trouve l'appartement des femmes, vaste salle en forme de croix grecque dont les quatre angles sont occupées par quatre chambres carrées.

« Le bois sculpté des plafonds est remplacé ici par un revêtement de stuc ouvragé et découpé au fer. Sur les parois des coupoles, des arceaux, des voûtes, sur les panneaux rectangulaires qui couronnent les portes, s'étale une dentelle d'arabesques, de cœurs et d'entrelacs

d'une merveilleuse variété de dessin ; on y
retrouve toutes les formes, tous les motifs du
décor islamique, harmonieusement combinés
et fondus dans une vaste composition d'ensemble. Les murs sont ornés de carreaux de
faïence tunisienne de modèles variés. Ils
encadrent de précieux panneaux composés de
cinquante pièces assemblées qui figurent dans
des arcades mauresques de galbe élégant, des
mosquées à minarets multiples, ou des vases
à panse renflée d'où jaillissent des gerbes de
fleurs aux rinceaux chatoyants. Ces faïences
représentent une industrie d'art tunisienne
très prospère jadis et qu'il y aurait grand inté-
rêt à faire renaître aujourd'hui ».

(P. GAUCKLER. *Id.*).

L'appartement des femmes est réservé à la
sculpture en ronde bosse.

Nous visitons encore d'autres salles du

palais, les unes renfermant des antiquités diverses, les autres restées dans l'état où elles étaient du temps que le palais était habité : la salle des pendules, la salle du trône, celle où le bey rend la justice, etc.

Du haut d'un balcon, nous apercevons sur la route un escadron de chasseurs d'Afrique qui revient de la manœuvre : Le passé et le présent ; hier et aujourd'hui !

A quelque distance, au milieu de l'orangerie, s'élève le palais de Kassar-Saïd où fut signé en 1881, le traité qui plaçait la Tunisie sous notre protectorat.

Notre visite terminée, nous remontons en voiture pour revenir à Tunis.

Vers 10 heures nous descendons à la porte du collège Alaouï dont nous escaladons les terrasses du haut desquelles nous allons contempler le panorama de la ville.

Un cri d'admiration enthousiaste s'échappe de toutes les poitrines : Tunis la Blanche est sous nos yeux, paresseusement couchée au bord de son lac qui lui fait une admirable ceinture bleue.

A nos pieds, la ville arabe, avec ses rues tortueuses et ses maisons carrées terminées par une terrasse d'un blanc éclatant où se réfléchit violemment l'ardente lumière du soleil. Au-dessus des toits des mosquées, s'arrondissent les koubas et se dressent les minarets. Entre tous, étincelle celui de la mosquée de l'Olivier, tout dernièrement restauré, énorme prisme orné de capricieuses arabesques et de faïences multicolores que termine une élégante lanterne ajourée, surmontée du croissant de l'Islam, qui se détache en dentelle sur le bleu profond du ciel.

Plus loin, la ville européenne, déjà considérable, partagée en deux parties à peu près égales par l'avenue de France et l'avenue de la Marine, superbes artères où viennent aboutir de nombreuses rues tracées au cordeau. Puis le port, où les navires du plus fort tonnage, autrefois forcés de s'arrêter à la Goulette, font leurs opérations à quai depuis qu'on a creusé au milieu du lac un canal de 9 kilomètres de long.

Au-delà, le lac, où dorment les flamants roses, et la Méditerranée dont les flots bleus se confondent à l'extrême horizon avec l'azur du ciel.

A droite, la masse imposante du djebel Bou Kourneine qui dresse au bord de la mer, à près de 500 mètres d'altitude, les deux pitons aigus qui lui ont valu son nom.

Vers la gauche, au pied des remparts crénelés de la ville, s'étend la délicieuse vallée de la Manouba que nous venons de traverser. La brise nous apporte ses senteurs embaumées.

Au Nord-Ouest, s'allonge la presqu'ile montueuse où s'élevait la grande cité phénicienne, reine de la Méditerranée et rivale de Rome, dont les ruines ensevelies sous plusieurs mètres d'une couche de terre et de cendres commencent à livrer leurs secrets aux archéologues qui les fouillent avec passion. Au sommet de la colline de Byrsa où se dressait jadis la citadelle de Carthage et le temple de Moloch, se découpe sur l'horizon clair, la masse imposante de la cathédrale bâtie par le cardinal Lavigerie

Tout à l'extrémité de la presqu'ile, La Goulette, et au dessus, le village de Sidi Bou Saïd, dont les maisons blanches couronnent le Cap de Carthage.

Tout à coup, des pas cadencés retentissent

au-dessous de nous, dans la cour du collège. Ce sont les élèves, (il y en a 5 ou 600) qui sortent de classe. Deux par deux, enfants européens d'un côté, enfants arabes aux vêtements multicolores de l'autre, surgissent de toutes parts. Les files s'allongent, se doublent et se redoublent dans un ordre admirable, se croisent pour former un F et un T. A un signal donné, de toutes ces jeunes poitrines, s'élance et monte jusqu'à nous un chant pur et harmonieux, un chant que nous connaissons bien :

> Salut au drapeau de la France.
> A nos trois sublimes couleurs !
> Salut ! emblème d'espérance.
> Drapeau qui réjouit nos cœurs !

Puis par trois fois le cri, Vive la France ! Vive la France ! Vive la France.

Une véritable émotion s'empare de nous,

des larmes montent à nos yeux, nous applaudissons frénétiquement les élèves d'Alaouï, qui
d'en bas nous regardent, et du fond du cœur,
nous poussons à notre tour un immense cri
de : Vive la France ! Vive la Tunisie !

L'aimable directeur d'Alaouï, M. Benjamin
Buisson, nous offre un verre d'excellent vin
blanc récolté en Tunisie que nous apprécions
en raison directe de l'ardeur du soleil. Puis
nous nous dirigeons vers les Souks.

Les Souks constituent une des curiosités de
Tunis. Ils sont installés aux environs de Dar-
el-Bey et de la mosquée de l'Olivier, dans un
dédale de rues étroites et tortueuses aux
pavés pointus, abritées du soleil par des voûtes de pierres ou des planches sous lesquelles
règne une fraîcheur délicieuse. C'est l'endroit
où l'on vend sans fabriquer. De chaque côté
de la rue des niches étroites servent de bouti-

ques. Les riches tapis d'Orient, les haïks de soie, les burnous de fine laine blanche, les gandourahs richement soutachées, les babouches légères, les rouges chéchias, les parfums capiteux dans des flacons de cristal, les cuivres finement ciselés, les armes damasquinées, les selles, les sacoches brodées d'or s'y étalent aux yeux du visiteur. Assis à la turque au seuil de son échoppe, le mercanti sollicite l'étranger dont il sait du premier coup d'œil apprécier l'état d'esprit. Si vous vous laissez tenter par le chatoiement des étoffes, par l'éclat des ors, par le parfum des essences défiez-vous et prenez garde à vos *douros*. Marchandez énergiquement. Vous aurez souvent pour 3 francs l'objet dont on vous a demandé 10 francs.

A 2 heures nous prenons le train pour Carthage. Le trajet est court et nous arrivons bientôt à la gare de *Malqua*, près de l'enceinte présumée de l'ancienne cité punique. Devant nous se dresse, couronnant Byrsa, la cathédrale de Saint-Louis qui abrite sous ses voûtes bizantines, les restes de son fondateur le cardinal Lavigerie. La face principale qui a 60 mètres de long regarde Tunis. Tout près, s'élèvent le séminaire des pères Blancs, le Musée de Byrsa et la Chapelle Saint-Louis.

Le R. P. Delattre, sur la robe blanche duquel se détache le ruban rouge de la Légion d'honneur, nous fait visiter le musée qu'il a fondé et qu'il dirige. Il a réuni là les objets les plus divers provenant de la Carthage punique, de la Carthage romaine, de la Carthage chrétienne : sarcophages, squelette d'un tombeau punique, urnes funéraires, vases de toutes sortes, lampes, bijoux, armes, mosaïques, inscriptions, bustes, etc., garnissent les vitrines. Dans le jardin, des statues, des fûts et des chapiteaux de colonnes, des stèles, des bas-reliefs, des pierres tombales.

La chapelle Saint-Louis, élevée en 1842 en l'honneur du pieux roi qui mourut de la peste le 20 août 1270 en assiégeant Tunis, renferme les restes de M. Mathieu de Lesseps, père de l'illustre perceur d'isthmes, qui fut consul à Tunis.

Au bas de la colline de Byrsa, M. Gauckler nous montre les fouilles qu'il dirige. C'est sous une couche de cendres de plusieurs mètres d'épaisseur qu'il faut aller chercher les débris de Carthage. Devant nous, des Arabes tamisent flegmatiquement la poussière d'un tombeau qu'on vient d'ouvrir et en retirent une bague que M. Gauckler serre précieusement... Que fut autrefois cette poussière?... A qui appartint cette bague?... *Vanitas, vanitatum!*..

2

Je ramasse quelques fragments de poteries romaines. Souvenir de Carthage !...

Après une visite rapide aux citernes restaurées, pleines d'une eau limpide et fraîche amenée de Zaghouan par un aqueduc de 90 kilomètres pour l'alimentation de Tunis, nous nous dispersons par les petits sentiers qui serpentent au milieu de la vaste plaine couverte d'orge et de blés verts.

Ce n'est qu'en parcourant comme nous l'avons fait cette plaine, qu'on peut se faire une certaine idée de ce que dût être cette Carthage qui balança si longtemps la fortune de Rome. Si le vieux Caton pouvait revivre, il serait satisfait : Son « Delenda Carthago » a été plus qu'exaucé. De la cité de Didon, dont l'œil, à peine, peut embrasser les limites, il ne reste rien. Là où un peuple de plus d'un million d'âmes s'agita, sur ce sol où s'élevè-

rent tant de palais, quelques pâtres arabes font
paître leurs troupeaux de chèvres et de moutons, et l'écho qui retentit autrefois de la voix
d'Annibal, demeure silencieux. Couronnant le
cap de Carthage, le village de Sidi Bou-Saïd
sort d'un fouillis de verdure. C'est là, croit-on,
que s'éleva jadis le palais d'Amilcar. Il nous
semble entendre encore les échos affaiblis des
cris des mercenaires, célébrant l'orgie dans
les jardins du Suffète, et nos yeux se tournent
vers le sud où, dans l'horizon lointain se
dressent les montagnes qui renferment le défilé
de la Hache...

Tout à coup des sons bizarres nous tirent
de notre rêverie. A un détour du chemin, nous
nous trouvons en face d'un petit groupe de
musiciens, qui, sous la direction d'un grand
diable de 6 pieds de haut, s'appliquent consciencieusement à tirer des sons assez peu

harmonieux de leurs instruments antédilu-
viens. C'est la Nouba du Bey. Ils s'arrêtent à
notre vue, puis sur notre invitation, ils se
rangent en cercle et attaquent un nouveau
morceau ou dominent les voix aigres des
zokras, les zim zim des cymbales et les boum
boum des darboukas. Applaudissements et
bravos. Mis en verve, nos musiciens font
volte-face et nous entraînent sur la route de
La Marsa. Nous emboîtons le pas avec enthousiasme. Les boum boum et les zim zim
retentissent plus énergiques et nous pénétrons
ainsi dans le camp où les factionnaires nous
portent les armes. Sans désemparer, nous nous
engouffrons sous la grande porte du palais
beylical et nous nous répandons dans les
jardins. Très aimablement, des fonctionnaires
de la cour du Bey nous guident au milieu des
allées, nous conduisent dans les couloirs du

palais et nous font visiter la ménagerie. Nous voyons aussi les remises dont le carrosse doré que donna Louis-Philippe au bey de Tunis et qui sert encore dans les grandes occasions, est le plus bel ornement.

Le train qui nous ramène à Tunis est bondé. Nous prenons place au milieu des voyageurs juifs et arabes dont les vêtements multicolorés constituent un spectacle de haut pittoresque.

Le soir, à l'issue du diner, les fonctionnaires de Tunis nous offrent un punch en signe de bienvenue.

C'est dans l'hôtel des Sociétés françaises, superbe construction en bordure de la rue de Paris, qu'a lieu la réunion.

Dans la salle des conférences d'immenses tables garnies de fruits, de rafraîchissements, de cigares et de cigarettes, sont dressées. Au

2.

fond, sur une estrade, M. René Millet prend place entouré des hauts fonctionnaires. La musique fait entendre la Marseillaise et l'hymne beylical écoutés debout. Puis après quelques paroles de bienvenue prononcées par M. Machuel, le Résident général nous dit pourquoi il a été heureux de faciliter notre excursion dans la Régence. Sa parole simple, quoique toujours élégante, nous tient sous le charme. Il voudrait voir un courant d'émigration vers nos colonies se former parmi les masses rurales dont il apprécie singulièrement bien la force, et il compte sur nous pour l'y faire naître. « Vous êtes, Messieurs les Instituteurs, nous dit-il, en substance, les seuls intellectuels en communion d'idées et de langage avec les paysans, trop loin de la classe bourgeoise, dont ils se défient. Dites leur qu'un cultivateur intelligent et actif, disposant d'un tout petit capital peut venir hardiment en Tunisie avec la certitude de s'y créer une situation large et indépendante. Faites comprendre aux fils des paysans séduits par les charmes de la ville qu'il vaut mieux, pour eux, venir coloniser ici, que de gratter du papier dans une sous-préfecture ou dans un office ministériel à 1200 francs par an ».

Nous applaudissons de toutes nos forces ces paroles si pleines de bon sens et de vérité, pendant que M. Jeannot Inspecteur primaire à Paris se lève pour remercier l'administration du Protectorat, de l'accueil chaleureux qu'elle nous a fait sur la terre d'Afrique. Et d'enthousiasme nous levons nos verres à la gloire de la France et à l'avenir de la Tunisie.

Après le départ de M. Millet salué par l'exécution de la Marseillaise que nous reprenons en chœur, la réunion prend un caractère

charmant d'intimité ; on rit, des groupes se
forment, un bal s'improvise et jusqu'à une
heure avancée de la nuit, les fervents de la
danse s'en donnent à cœur joie.

JEUDI 30 MARS. — BIZERTE. — A 6 heures 50
du matin, nous prenons à la gare française le
train pour Bizerte. Nous contournons les
remparts de Tunis et nous entrons dans la
vallée de la Manouba. Nous revoyons en passant
le Bardo, visité la veille ; perchés au sommet
de leurs tours, ses canons sans affûts tournent
vers nous leurs gueules débonnaires.

A Djedeïda, où est installée une école
d'agriculture israélite que nous apercevons de
loin, nous franchissons la Medjerda sur un
pont métallique. La Medjerda est le principal
cours d'eau de la Tunisie, le seul qui ne soit
jamais à sec. A Djedeïda, elle a environ

40 mètres de large. Ses eaux sont basses et jaunes.

Nous entrons un peu plus loin dans une vaste plaine où la colonisation est très prospère. A droite et à gauche ce ne sont que champs de blé, d'orge, de fèves, de carottes, vignobles superbes, pâturages, où paissent des chèvres, des bêtes à cornes, des chevaux et d'innombrables moutons, de ces petits moutons à queue plate avec les gigots desquels nous avons déjà fait ample et agréable connaissance. A Chaouat, nous traversons le domaine de Mme de Lagrénée où la propriétaire a fait construire un château très original entouré de superbes jardins. Tout près, se dresse la flèche élégante d'une jolie église près de laquelle on a bâti une école. Ce sera le point de départ d'un centre qui ne peut manquer de devenir important.

Mateur! Cinq minutes d'arrêt! Buffet!!!

Nous descendons vivement sur le quai pour donner un peu d'exercice à nos jambes engourdies. Des Arabes circulent au milieu de nous, nous offrant des œufs, des oranges, du lait et des beignets à l'huile qui, au dire de quelques-uns ont un goût assez agréable; mais je m'abstiens d'en faire par moi-même l'expérience.

A douze ou quinze cents mètres, Mateur, avec ses maisons blanches, apparaît au milieu de la verdure, sur le penchant d'une colline.

A Oued-Tindja, nouvel arrêt de quelques minutes. A peu de distance vers l'ouest, un marécage entoure une montagne mamelonnée, le djebel Ichkeul, où vivent des buffles sauvages expressément réservés aux chasses de S. A. le Bey.

Nous côtoyons le lac de Bizerte, et bientôt

nous allons apercevoir la ville elle-même. En effet, encore quelques tours de roues et nous voilà en vue du transbordeur qui découpe sur le ciel à 40 mètres de hauteur, sa fine armature d'acier.

Bizerte! Le caïd, Si Salah Baccouch, le contrôleur civil, M. Advier, en uniforme, M. Paul, vice-président de la municipalité, nous reçoivent à notre descente du train, accompagnés de quelques fonctionnaires, notamment du personnel enseignant.

Notre première visite est pour le transbordeur. Nous prenons place sur la plate-forme, la machine à vapeur, perchée dans l'un des pylônes se met en mouvement et en moins d'une minute, nous sommes de l'autre côté de l'étroit chenal (80 mètres) qui donne accès dans le lac. Machine en arrière, et nous revenons à notre point de départ.

Nous faisons une rapide visite à la ville arabe, nous contournons le bassin de son vieux port où des Arabes pêchent gravement à la ligne et nous arrivons sur la jetée nord de la rade auprès de laquelle gisent, sous la garde d'un poste de Zouaves, d'énormes canons que le *Shamrock* vient de débarquer pour l'armement des nouveaux forts.

A midi, nous nous rendons à l'école des filles où un excellent déjeûner nous attend. La salle est décorée de guirlandes, d'oriflammes et de drapeaux aux couleurs nationales. M. Machuel préside, ayant à ses côtés le contrôleur civil, le caïd et le vice-président de la municipalité. Au dessert, M. Advier nous souhaite la bienvenue et nous assure du plaisir que tous les patriotes ont à nous voir en Tunisie. Puis le caïd se lève à son tour, et rappelant avec bonheur, dit-il, qu'il a fait ses études à Paris, proclame en quelques mots son dévouement à la France.

Mais il nous faut presser le repas, car on nous attend pour la visite du lac et des pêcheries. Un énorme chaland a été accroché au flanc d'un vapeur de la Compagnie du Port. Nous nous y entassons sur des bancs disposés *ad hoc* et bientôt nous sommes au milieu du lac.

Ce lac est une merveille et fait de Bizerte une position maritime admirable. Presque partout assez profond pour recevoir les plus grands cuirassés, il est dominé de tous côtés par des collines élevées qui se terminent à pic au bord de la mer et sur lesquelles on achève la construction de forts et de batteries capables de tenir au loin une flotte ennemie. L'entrée est protégée par deux superbes jetées de 100 mètres de long, entre lesquelles on va construire prochainement un brise-lame. Le chenal qui y donne accès n'a que 80 mètres de large. Le lac s'étend à plus de 10 kilomètres dans les terres, et tout au fond, à Sidi-Abdallah, on travaille à l'établissement d'un grand arsenal maritime.

Sur ses bords, une ville nouvelle sort de terre avec rapidité : bâtiments, militaires, docks, magasins, hôtels, écoles, élégantes villas surgissent comme par enchantement.

Les affaires de Fachoda ont eu au moins ce résultat d'activer prodigieusement les travaux de défense de Bizerte, alors bien insuffisants pour résister à une attaque. On y envoya en hâte d'énormes quantités de munitions et quatre mille hommes de troupes qu'on logea un peu partout. Beaucoup campent encore sous des tentes dressées au bord du lac, à l'abri des oliviers.

Une dizaine de torpilleurs, le cuirassé garde-côtes la *Tempête*, la canonnière *Acheron*, l'aviso torpilleur *Flèche*, sont ancrés dans un petit hâvre du lac. Nous passons tout près de *la Flèche*. Les officiers, réunis sur l'arrière nous saluent pendant que nous agitons nos chapeaux et crions avec enthousiasme : Vive la France ! Vive la Marine !

Nous voici aux pêcheries. Rien de plus curieux. Un solide barrage ferme le lac dans toute sa largeur, sauf au milieu où l'on a laissé une ouverture de 100 à 150 mètres de large. De distance en distance sont ménagées des ouvertures semblables à celle d'une nasse qui laissent pénétrer le poisson dans des chambres de capture où l'on a disposé un filet. A un certain moment de la journée, le poisson remonte de la mer vers le fond du lac, entraîné par un léger courant de marée. On ferme l'ou-

verture laissée au milieu du barrage et quand
le poisson veut redescendre, il en est empêché
et pénètre dans les chambres de capture d'où
il ne peut plus sortir. Il n'y a plus alors, pour
s'en emparer, qu'à lever le filet. Nous avons
assisté à une opération de ce genre qui nous a
fort intéressés. Des Arabes soulevaient le filet
qui contenait plusieurs centaines de kilos de
poissons que d'autres Arabes, armés d'épui-
settes à longs manches, déposaient tout frétil-
lants dans une barque.

Ces pêcheries qui rapportent trois à quatre
cent mille francs par an, ont été concédées à
la Compagnie du Port, qui a exécuté tous les
travaux du port de Bizerte. Le poisson qui n'est
pas vendu sur place, est expédié à Marseille
dans des appareils frigorifiques.

VENDREDI 31 MARS. — Les journées du vendredi et du samedi sont consacrées à l'agriculture.

A 6 heures, nous nous mettons en route
pour visiter le domaine de Potinville créé il y a
seize ans par la maison Potin à 24 kilomètres
de Tunis, dans un site charmant, au pied de
la montagne qui l'abrite du sirocco et non loin
de la mer.

La région que traverse le chemin de fer est
une des plus intéressantes de la Tunisie. La
colonisation y est extrêmement prospère.

Voici Hammam-Lif, au pied du Bou-Kour-
nein, ancienne résidence du Bey du Camp
(héritier présomptif du trône beylical), aujour-
d'hui station balnéaire préférée des Tunisiens.
D'élégantes villas entourées de jardins se
pressent au bord de la mer dominées par la

terrasse du Casino où flotte le drapeau tricolore.

Une large avenue tracée au milieu des vignes conduit de la station de Potinville à la maison d'habitation et aux bâtiments d'exploitation abrités sous des massifs d'eucalyptus et de mimosas et entourés d'orangers.

L'intendant du domaine nous reçoit cordialement et nous fait déguster les produits du vignoble : vin muscat, vin de malaga, très agréables au goût, vin blanc sec rappelant le grave, vin rouge léger et corsé en même temps, ne ressemblant pas du tout à l'affreuse mixture qu'on débite trop souvent en France sous le nom de vin d'Algérie.

Nous admirons les chaix voûtés où 150 foudres de 200 hectolitres chacun s'alignent sur trois rangées à double étage. Ces chaix ont 85 mètres de long, 18 mètres de large et 8 à 9 mètres de hauteur. 36 cuves de 200 hectolitres chacune sont rangées dans un vaste bâtiment contigu pour la fabrication du vin.

Le domaine de Potinville a une étendue totale de 2.800 hectares. 450 sont en vigne et donnent un rendement moyen de 50 hectolitres à l'hectare ; 120 sont cultivés en blé. Un troupeau de 1.400 moutons vit dans les pâturages.

Les machines agricoles les plus modernes sont employées à Potinville Des ateliers et un moteur à pétrole sont installés pour les réparations les plus urgentes.

Des fours à chaux et une usine à ciment ont été adjoints à l'exploitation et sont en pleine activité.

Notre visite terminée, nous nous étendons à l'ombre des oliviers en attendant l'heure du train. Fièrement drapé dans son burnous cras-

seux, le fusil au dos, un cavalier arabe passe
sur la route, conduisant vers Tunis quelques
dromadaires chargés de paille et d'orge. Au
milieu des vignobles et des champs de blé,
devant cette gare de chemin de fer, ce spectacle nous parait un anachronisme.

. . . .

Nous employons l'après-midi à visiter le
parc du Belvédère, le Jardin d'essai et l'Ecole
d'agriculture.

Le parc du Belvédère, qui sera le Bois de
Boulogne de Tunis, a été aménagé récemment
sur une colline qui domine la ville à l'extrémité
de l'interminable rue de Paris, à l'entrée de la
fertile vallée de l'Ariana. Un tramway y conduit.

A côté, s'ouvre la grille du jardin d'essai où
des expériences se poursuivent méthodique-
ment en vue de déterminer les plantes, agrico-

les ou industrielles, dont la culture s'accom
mode le mieux du climat tunisien.

Sous la direction de M. Dybowski, nous
visitons les jardins et les serres où germent
des caféiers et des kolatiers. D'innombrables
plants d'eucalyptus, de mimosas, d'orangers,
etc., sont prêts à être livrés aux colons qui
en feront la demande à raison d'un sou pièce,
c'est-à-dire gratuitement. L'année dernière,
deux cent cinquante mille arbres ont été ainsi
distribués.

En 1895, on a fondé à côté de la ferme modèle une Ecole coloniale d'agriculture qui
compte actuellement près de 60 élèves dont
vingt internes et vingt externes demi-pension-
naires. Les colons y trouvent tous les renseignements dont ils ont besoin et y font faire
toutes les analyses qui peuvent leur être utiles.
A côté, au milieu de superbes champs de blé,

3.

s'élèvent les bâtiments de la ferme. La porcherie est pleine de petits porcelets grouillant et grognant. Les étables contiennent de beaux spécimens de la race arabe améliorée et plusieurs bêtes provenant de croisements de cette race avec le zébu ou bœuf à bosse de Madagascar, croisements tentés par M. Dybowski et qui paraissent devoir donner des résultats satisfaisants.

La bergerie contient différentes espèces de moutons que l'on essaye d'acclimater pour remplacer le mouton arabe à grosse queue dont la chair manque un peu de finesse.

Dans une huilerie modèle pourvue d'un laboratoire d'analyse, on recherche les meilleurs procédés de fabrication de l'huile d'olive.

SAMEDI 1er AVRIL. — Aujourd'hui les excursionnistes se partagent en trois groupes. Les uns visitent Zaghouan, les autres, les exploitations agricoles de la basse vallée de la Medjerda. Le 3ᵉ groupe, dont je fais partie se rend à Beau-Castel où M. Machuel possède un domaine.

Nous partons à cinq heures du matin dans des voitures attelées de trois chevaux conduits par des cochers maltais. La route est superbe, très pittoresque et parfaitement entretenue. Dans les environs de Tunis, elle traverse de petits vignobles très beaux dont la plupart appartiennent à des Siciliens qui, venus ici avec presque rien, ont réussi, à force de travail opiniâtre, à conquérir l'aisance. Malgré l'heure matinale, beaucoup sont déjà au travail, piochant la terre, plantant des pieux, y attachant les jeunes pousses.

Çà et là, dans la vaste plaine, s'élèvent des fermes isolées dont les toits de tuile rouge

tranchent sur le vert des blés et le gris uniforme des pâturages.

Nous faisons un crochet à gauche de la
route afin de visiter des exploitations françaises. Nous prenons à travers la brousse où nos
cochers maltais n'ont pas trop de toute leur
habileté pour ne pas verser.

Nous voici dans la cour d'une ferme entourée de pêchers, d'amandiers, de poiriers,
actuellement couverts de fleurs. Le propriétaire, M. D., est absent, mais Mlle D. nous
reçoit avec la plus parfaite bonne grâce et
répond le plus aimablement du monde à nos
questions. L'exploitation est prospère. Les
arbres fruitiers d'Europe, surtout les amandiers, dont les produits se vendent très bien,
réussissent à merveille. L'eau est abondante :
le puits de sept mètres de profondeur en contient une hauteur de cinq mètres.

Sur la colline en face, au bord du ravin, un gentil castel s'achève. Il remplacera pour la famille D. l'habitation un peu primitive où elle s'est logée jusqu'ici.

Nous voici à Beau-Castel. Les aboiements sonores des chiens saluent notre arrivée. Il est près de midi. La route a aiguisé notre appétit et notre premier soin est de nous mettre à table. *A table* est une façon de parler, car pour rien au monde nous ne voudrions manquer l'occasion de faire un déjeûner champêtre. A l'ombre d'un grand mur, sur l'herbe, nous déballons les provisions. Le chef a bien fait les choses. Les *couffins* contiennent de quoi satisfaire les plus exigeants. M. Machuel y ajoute un excellent vin blanc du crû et un petit verre d'une certaine eau-de-vie, également fabriquée sur place, qui nous chatouille délicatement le palais. Peut-être y aurait-il là, dans la fabrication de l'eau-de-vie, quelque chose à faire pour le colon.

Et, cependant, des Arabes promènent la charrue entre les interminables rangées de ceps, au trot de leurs admirables petits chevaux qui, même en labourant, ne peuvent se résigner à marcher au pas.

Une promenade pédestre à travers le domaine nous permet d'en constater la bonne tenue et la prospérité et d'admirer la beauté du site où il est situé.

Qu'il ferait bon vivre là, libre, indépendant, loin des potins des envieux et des féroces convoitises ! Comme on doit être heureux dans ce calme des vastes espaces ! Quelle jouissance délicieuse de prendre place, le soir, à la table de famille après la journée passée à parcourir ces champs immenses dans la griserie des parfums, du brillant soleil, de l'air pur, du ciel bleu !....

Le retour s'effectue beaucoup plus rapidement que l'aller. Sont-ce les abondantes libations que nos cochers ont faites ; les chevaux se hâtent-ils vers l'écurie ? Je ne sais. Toujours est-il que nous filons grand train. Cela devient même inquiétant à un certain moment. Parmi nos automédons, c'est à qui tiendra la tête, et par instants, les voitures se frôlent. Mais la dextérité de ces Maltais est vraiment étonnante. Pas un n'accroche. Les tas de cailloux sont franchis au galop.

Nous prenons à peine le temps de nous arrêter à Aïn-el-Asker pour visiter l'école qui est en même temps un bureau télégraphique.

L'Instituteur s'empresse et nous fait les honneurs de l'établissement parfaitement installé et bien tenu. Nous feuilletons quelques cahiers. Ils ont un excellent aspect et les devoirs témoignent de la science des élèves.

Les plus avancés savent réduire les fractions au plus petit dénominateur commun !

Le dîner au Lycée est expédié au galop, car, ce soir-là il y grand bal à l'Hôtel des Sociétés françaises. C'est une nouvelle occasion de fraterniser entre Instituteurs de France et instituteurs de Tunis. La salle de bal présente la plus grande animation jusqu'à une heure avancée de la nuit, et le buffet débite un nombre respectable de coupes de champagne et de verres de sirop à la glace.

DIMANCHE 5 AVRIL. — C'est la fête de Pâques. La journée nous appartient.

Dans la matinée, la plupart d'entre nous font dans les souks l'acquisition des différents bibelots que nous rapporterons comme souvenirs de voyage.

L'après-midi est employée à flâner dans les

rues de la ville, principalement dans le quartier juif. Des groupes de femmes jacassent à leurs balcons, en pantalon blanc, les épaules couvertes de haïcks de soie bleue, rose, rouge, etc., le haut bonnet pointu sur la tête. De loin, on dirait d'énormes bouquets de fleurs accrochés aux murailles.

De Tunis à Kairouan

UNDI 3 AVRIL. — C'est le lundi de Pâques, à 6 heures du matin·que nous partons pour Kairouan et Sousse.

Nous allons traverser la partie la plus fertile et la mieux cultivée de la Régence. A droite et à gauche, de vastes champs de blé, d'orge, de fèves, des prairies artificielles, de très nombreux vignobles d'un aspect superbe, des plantations d'amandiers; aux environs immédiats de Tunis, des cultures maraîchères qui approvisionnent les marchés de la ville. Çà et là, surgissant d'un bouquet d'eucalyptus ou se dressant au sommet d'une éminence, des fermes européennes aux toits de tuile rouge. Ici, un fermier laboure avec un attelage de 3 ou 4 paires de bœufs; là, un jeune pâtre ramène à l'étable un troupeau de bœufs ou de moutons. N'étaient les burnous et les haies de cactus clôturant les champs et les jardins, on se croirait en France.

Nous repassons devant Hammam-Lif. L'ancien palais du Bey du Camp est occupé par des troupes que nous voyons manœuvrer.

Quelques kilomètres plus loin, au Khanguet, un campement de soldats de la Légion et d'artilleurs et un détachement du génie. Nous retrouverons des *Joyeux* un peu plus loin, à Bir-Bou-Rebka. Des postes ont été ainsi échelonnés tout le long de la côte, à la suite des affaires de Fachoda.

L'institutrice de Nabeul, Mme Galmiche,

accompagnée de quelques-unes de ses élèves, est sur le quai de la gare. La brave dame a fait 15 kilomètres à pied pour venir apporter des fleurs aux collègues de France.

Nous entrons dans une région plus sauvage. Plus de fermes européennes, plus de cultures, sauf quelques carrés de blé rare et court semés par les Arabes, entre les buissons de lentisques et de faux jujubier. Des oueds desséchés, chemins en été, torrents en hiver, où croissent des lauriers roses. Des troupeaux de chèvres noires, de moutons, de bêtes à cornes paissent au milieu de la brousse sous la garde de pâtres qui accourent sur le passage du train et contemplent avec de grands yeux curieux l'énorme mécanique. Au loin, à l'horizon nous voyons se profiler de temps à autre, de longues théories de chameaux. Çà et là, une ruine romaine, un douar dont les chiens aboient furieusement.

Le paysage change de nouveau. Nous voici dans la région de l'Enfida, l'une des plus fertiles de la Tunisie. Nous revoyons des cultures européennes, de grands et beaux vignobles, des jardins, quelques rares bouquets de palmiers. Nous descendons quelques minutes à Enfidaville, centre déjà important. Des maisons bien bâties et riantes, des rues larges et droites, très propres, des jardins pleins de fleurs, des eucalyptus, des orangers, des oliviers, des palmiers qui font à la petite cité une couronne de verdure.

A une certaine distance, vers l'ouest au sommet d'un pic, se détache une masse blanche aux formes régulières. On nous dit que c'est un village berbère (les Berbères sont les habitants primitifs du pays).

A midi, le train s'arrête. Nous sommes à Kalaa-Srari, à quelques kilomètres de Sousse.

C'est là que la ligne bifurque sur Kairouan. Nous nous mettons en devoir de déjeûner. Par les soins du très aimable et vigilant économe du lycée Carnot, M. Raby, nous avons été munis de couffins abondamment garnis. Quatre par quatre, nous nous installons sur l'herbe à l'ombre des oliviers et nous faisons largement honneur à nos provisions.

Du haut de la colline où nous sommes installés, nous apercevons une admirable région, fertile, bien cultivée, semée de très nombreux villages et bourgs dont les maisons blanches resplendissent au soleil, au milieu des cactus, des oliviers et des orangers.

A 1 heure, nous repartons pour Kairouan. La chaleur est considérable, et la digestion aidant, bon nombre de touristes se laissent aller à une douce somnolence ponctuée de ronflements sonores. La ligne traverse une plaine dont nous ne voyons pas la limite. Pas de culture européenne, presque la solitude. Cependant, comme on sent que la terre est fertile, comme l'herbe ou chante la caille est verte et drue. Mais encore quelques semaines, et le soleil aura tout brûlé. Ah ! s'il y avait là un fleuve abondant pour entretenir la vie !

Vers 3 heures nous descendons à Kairouan. Le contrôleur civil, le Caïd, qui ne sait pas un mot de français, nous attendent. Des spahis indigènes nous escortent pour nous servir de porte-respect, quoique les Arabes soient très pacifiques. Des turcos, heureux de voir des visages français, se mêlent à nous et nous donnent des détails intéressants sur la cité que nous allons visiter.

Kairouan est la ville sainte des Musulmans, elle renferme trente-deux mosquées, et, chose curieuse, ce sont les seules qui soient ouvertes

aux chrétiens, aux *Roumis,* partout ailleurs
elle leur sont obstinément fermées. A Tunis,
quelques-uns d'entre nous ayant voulu pénétrer dans la mosquée de l'Olivier se sont vu
refuser l'entrée avec une énergie rien moins
que bienveillante et capable de décourager
toute nouvelle tentative. Comme toutes les
villes arabes Kairouan est entourée d'une
muraille crénelée, blanchie à la chaux. On y
pénètre par plusieurs portes munies de bat-
tants énormes ornés de clous qui dessinent
sur le bois, les plus capricieuses arabesques.
Les rues sont étroites et tortueuses, pous-
siéreuses et sales. La colonie européenne n'y
compte guère que 600 représentants. On y
fabrique des tapis de laine d'une grande beauté.

Notre première visite est pour la grande mosquée où nous entrons sans aucune difficulté,
le chapeau sur la tête et les souliers aux pieds.

4

« Qu'on se figure une véritable forêt de magnifiques colonnes en onyx, porphyre et marbre blanc veiné de rose, chefs-d'œuvre de la sculpture romaine, supportant avec leurs chapiteaux corinthiens la voûte plate ornée d'arabesques en stuc et en plâtre. Ces colonnes, au nombre de cent quatre-vingts, proviennent des temples romains qui abondaient dans cette contrée. Quelques-unes seulement sont munies de chapiteaux de style mauresque, de forme évasée ». (DICK DE LONLAY).

A droite de l'entrée se dresse la chaire du haut de laquelle l'iman récite les versets du Coran. On y accède par un escalier de bois dont la rampe est une merveille de sculpture. Une quinzaine de musulmans sont en prière, agenouillés dans un angle, le visage tourné vers la Mecque. Notre présence ne semble les toucher en rien.

La cour de la mosquée entourée d'un cloî-

tre mauresque forme un immense carré de
100 mètres de côté environ. Elle est entièrement pavée de dalles de marbre dont un grand
nombre portent des inscriptions latines. Ces
dalles recouvrent des citernes qui renferment
l'eau nécessaire aux ablutions; cette eau est
excellente disent quelques-uns d'entre nous
qui en boivent.

Au nord s'élève le minaret, haute tour car-
rée surmontée de trois plates-formes en retrait
les unes sur les autres. On y accède par un
escalier de cent vingt-neuf marches. Les murs,
épais de plusieurs mètres, sont percés de
meurtrières qui en font une véritable forte-
resse. Du haut des plates-formes, la vue est
magnifique : à l'est et au nord, le Sahel ; à
l'ouest l'immense plaine que nous venons de
traverser ; au sud l'infini du Sahara.

La mosquée du Barbier que nous visitons

ensuite, est bien moins vaste, mais beaucoup plus ornée. C'est une succession de cloîtres mauresques soutenus par d'élégantes colonnes peintes et sculptées ; les murs sont revêtus de faïences décoratives de Tunis d'un très bel effet, les cours sont dallées de marbre ; dans une salle dont le sol est recouvert de tapis d'un grand prix, le tombeau de Sidi Sâhab, barbier et compagnon du prophète, qui conserva dans un sachet, sur sa poitrine, trois poils de la barbe de Mahomet. Le sarcophage entouré d'une grille de bois, est recouvert d'un superbe tapis de soie verte, lamé d'argent. Au-dessus pend un trophée de drapeaux aux couleurs de l'Islam. Un magnifique lustre en cristal de Venise est accroché au plafond.

Dans la cour, nous faisons causer deux jeunes Arabes de 12 à 15 ans, de mine éveillée, qui nous ont accompagnés. Ils appartiennent à des familles aisées et parlent très bien le français. Ils fréquentent l'école et s'instruisent dans le but, nous disent-ils, de devenir plus tard fonctionnaires, instituteurs, interprètes, etc. Je les prie tour à tour d'écrire quelque chose sur mon carnet : leur nom en arabe et en français, puis une maxime quelconque qu'ils ont retenue par cœur. Tous deux s'exécutent de la meilleure grâce du monde et fort correctement écrivent, le plus âgé :

Mohamed Bouzaïane
rue Saussier, Kairouan
Tunisie

Il faut que la main droite ignore ce que la main gauche a donné.

Et le plus jeune :

Ahmed el Khebou

L'honnêteté est toujours récompensée.

En nous rendant de la grande mosquée à la mosquée du Barbier, nous passons auprès du bassin des Aglabites, vaste pièce d'eau circulaire de 124 mètres de diamètre et de 4 mètres 50 de profondeur. Construit par les Romains. il fut restauré par les Arabes sous la dynastie des Aglabites qui régnait à Kairouan au ixe siècle. Nous l'avons restauré à notre tour, et il reçoit le trop plein des eaux de la ville, lesquelles sont tirées d'une montagne située à une trentaine de kilomètres au nord. Près de là, on a créé un jardin public dans le genre du parc du Belvédère à Tunis.

Nous traversons Kairouan pour nous rendre au Splendid Hôtel où le dîner est servi. Au-devant de cet hôtel, un joli square avec pelouses, massifs de fleurs, eaux jaillissantes et, au centre, un petit monument élevé à la mémoire du Président Carnot.

Le dîner est fort bien servi. Inutile de dire que nous y faisons largement honneur. C'est incroyable l'appétit que nous avons depuis notre arrivée en Afrique. Le contrôleur civil, M. Machuel, M. Jeannot, au nom des excursionnistes, un représentant de la presse, prennent successivement la parole. Le Caïd prononce à son tour en arabe quelques mots de bienvenue que M. Machuel nous traduit. Applaudissements, bans, acclamations.

Et en route pour la représentation des Aïssaouas.

« La Confrérie des Aïssaouas a été fondée au Maroc par Mohammed Ben Aïssa, marabout vénéré. Ses adeptes prétendent que le saint marabout leur a donné le pouvoir de supporter impunément les plus affreuses tortures corporelles, de braver les morsures des reptiles les plus venimeux, d'avaler du verre pilé, d'être

insensibles au tranchant des sabres, au contact
du fer rougi à blanc, etc. » (O. Niel).

Les Aïssaouas sont rassemblés au nombre
d'une cinquantaine sous le marché couvert,
entourés déjà d'une foule d'Arabes friands de
ce spectacle. Nous nous faisons faire place à
coups de coude et la représentation commence.
Les tambourins, les zokras, les darboukas
attaquent une sorte de mélopée lente et plain-
tive que les Aïssaouas, accroupis autour des
musiciens, accompagnent de la voix. Peu à peu,
le rythme s'accentue. Bientôt quelques hommes se lèvent, ôtent leurs gandouras, sortent
en dehors du cercle et balancent tout leur
corps au son de l'infernale musique. Le mouvement est de plus en plus rapide, un grand
nombre d'Aïssaouas se trémoussent avec rage.
Puis ce sont des cris gutturaux, des rugisse-
ments, des mouvements désordonnés de la tête

et de tout le corps ; les yeux sont convulsés, les lèvres sont bordées d'écume. Saisis d'une sorte de frénésie, ils se précipitent sur des sabres, sur des épées, des poignards, ils se tailladent le visage, le ventre, les épaules ; le sang coule. Un petit enfant de six ou sept ans est promené autour du cercle avec deux épées au travers des épaules ; il ne répand pas une goutte de sang. Quelques-uns broient du verre entre leurs dents. Tout près de moi, un grand diable jette à terre une brassée de feuilles de figuier de Barbarie, un autre se roule dessus le torse nu, en proférant des gloussements de bonheur. Il se relève et mord à belles dents une feuille que quelqu'un lui présente. Je m'empresse d'en ramasser une et de la présenter à son compagnon, mais celui-ci recule en faisant un geste de dénégation qui découvre ses dents blanches dans un large sourire.

Ces pratiques qui se répètent tous les vendredis à Kairouan, ne laissent pas que de frapper vivement l'imagination.

. . . .

Sousse

A 9 heures, nous nous dirigeons vers la gare, accompagnés d'une foule considérable. Nous prenons place dans un train spécial, et... en route pour Sousse, où nous arrivons à 11 h. 1/2.

Le contrôleur civil, M. le colonel Abria, nous a réservé une réception des plus originales. Un goum de spahis indigènes à cheval sont rangés dans la cour de la gare, avec la nouba des ti- railleurs et une foule énorme d'indigènes, dont un certain nombre portent des lanternes véni- tiennes au bout de longues perches. Le cor-

tège se forme. Un détachement de spahis ouvre la marche, suivi de la nouba qui joue ses
airs les plus entraînants ; derrière nous un
autre détachement de spahis ferme la marche.
De chaque côté, les Arabes porteurs de lanternes vénitiennes ; puis une foule grouillante et
hurlante qui allume de temps en temps des
flammes de bengale. Les silhouettes des cavaliers, des Arabes gesticulant, se projettent fan-
tastiquement sur les blancs remparts de Sousse.
Tout cela constitue un spectacle d'une origina-
lité qui nous ravit.

Enfin, nous voilà au camp des tirailleurs.
Nous allons donc pouvoir dormir et nous re-
poser des fatigues de la journée. Nous pénétrons dans les baraquements que les turcos
ont évacués pour nous faire place, et nous
nous préparons à nous étendre chacun sur
notre lit. Mais nous comptions sans un ennemi

qui, de toutes parts, s'apprête à la lutte. Du plafond, des murs, de partout, des légions de punaises s'avancent en bataillons serrés. Alors, c'est un combat homérique. Des pieds, du bout des cannes et des parapluies nous écrasons sur le parquet, sur les murs, sur les lits des centaines d'insectes. En vain. Nous devons nous avouer vaincus, et de guerre lasse, nous nous étendons sur les lits. Mais au bout de dix minutes, les poignets et le cou à moitié dévorés, je quitte ma couche inhospitalière et vais mélancoliquement m'asseoir sur un banc étroit au milieu de la chambrée. Il me semble que j'ai des centaines de punaises sur la peau. Horreur ! Et cependant je tombe de sommeil. Autour de moi, il y en a qui ronflent ! J'envie leur impassibilité devant les attaques des féroces insectes.

Enfin « l'aurore aux doigts de rose », que je

trouvai ce matin-là contre mon habitude, ter-
riblement paresseuse, « ouvrit les portes de
l'Orient », et je me précipitai dehors, alors que
mes compagnons ronflaient encore. Un quart
d'heure après, en compagnie de mon collègue
angevin, nous réussissions à obtenir, pour le
soir, une chambre à l'hôtel de France. Je ne
me sentais pas le courage d'affronter une nuit
encore les terribles punaises, malgré l'exemple héroïque de nos guides, M. Versini, inspecteur d'Académie ; M. Buisson, directeur du
Collège Alaoui qui, durant les deux nuits que
nous avons passées à Sousse, ont bravement
couché dans les baraquements.

Assurés d'un gîte pour la nuit suivante,
nous nous mîmes en quête d'un établissement
de bains. Nous finîmes par en trouver un tenu
par de braves gens et qui comptait... trois
baignoires ; encore nous fallut-il attendre un

bon moment que les tuyaux d'adduction de
l'eau qu'on était en train de réparer fussent en
état. Enfin nous nous plongeâmes avec délices
dans l'eau purifiante où nous avions préalable-
ment fait dissoudre une poignée de cristaux
de soude. Il fallut ensuite se livrer à une chasse
en règle dans les moindres replis des habits
où nous dénichâmes quelques punaises qui
s'étaient embusquées là en vue d'une nouvelle
attaque.

Nettoyés et rassurés désormais sur le sort
de notre épiderme, nous oubliâmes bien vite
cet incident plutôt comique, seul désagrément
— et si petit — je me hâte de le dire, que nous
ayons éprouvé en Tunisie. Notre belle humeur
n'en fut en rien altérée.

Pendant ce temps avait lieu la visite des
huileries de la ville, car Sousse est entourée
d'olivettes très considérables et la fabrication

de l'huile d'olive et du savon y constitue une industrie extrêmement importante.

Je remplaçai la visite aux huileries par une promenade sur le port déjà très actif où l'on terminait la jetée que l'on vient d'inaugurer.

Puis, avec trois camarades, nous frétâmes un fiacre et nous fîmes le tour de la ville. Excellente idée. Non seulement des hauteurs qui sont au nord de la ville nous pûmes admirer un superbe panorama, mais nous tombâmes tout à coup au milieu de gourbis bédouins que nous visitâmes en détail et avec une vive curiosité. Sous des tentes de poil de chameau, très basses, grouille une population de tout âge et de tout sexe, accroupie, assise, couchée au milieu des chiens qui aboient après les étrangers, des poules qui caquettent et... de certaines autres bêtes qui ne laissent pas que de nous inspirer une assez vive appréhension.

Une bande d'enfants piaulant et piaillant nous entourent et nous guident. Toute la monnaie qui est dans nos poches y passe rapidement; mais, nous sommes bien accueillis partout, sauf par une vieille sorcière qui rabat vivement le rideau de la tente à notre approche en nous adressant dans sa langue une foule d'imprécations accompagnées de regards haineux. Nous pûmes admirer quelques beaux types. Une jeune fille coupe avec une faucille des feuilles de cactus pour le chameau attaché près de la tente; elle se laisse contempler tranquillement et découvre une admirable rangée de dents blanches dans un sourire de plaisir à la vue des quelques pièces de deux sous que nous laissons tomber dans sa main fine et brune.

Plus loin nous admirons une jeune femme bédouine assise sous sa tente; son mari nous la montre avec orgueil. Elle est vêtue du péplos retenu sur les épaules par de larges fibules de cuivre ; d'énormes anneaux de même métal pendent à ses oreilles ; son cou est garni de la bijouterie la plus bizarre qui se puisse voir : chaînettes d'argent ou de cuivre, disques, anneaux, croissants, etc...; il y a jusqu'à un bouton de tunique de gendarme !

Nous lui faisons compliment sur sa parure, ce qui paraît lui faire énormément plaisir, non moins que les quelques sous que nous lui offrons.

Après une heure de promenade au milieu de ces sauvages, nous regagnons notre voiture qui nous ramène à l'hôtel où nous déjeunons vivement, car on nous attend pour la fantasia.

Qui n'a pas vu une fantasia arabe n'a rien vu !

C'est sur le terrain de manœuvre des turcos,

au pied des remparts, que M. le colonel Abria
nous offre ce régal. Il a eu l'amabilité d'y faire
dresser une tente, et nous sommes d'autant
plus sensibles à cette attention que le soleil est
chaud. Une foule considérable se presse aux
abords du vaste terrain ; les burnous blancs se
mêlent aux vestes bleues des turcos. Des
grappes humaines se suspendent aux créneaux
des remparts.

Une cinquantaine de cavaliers arabes des
tentes sont rangés sous le commandement du
Caïd qui monte le plus admirable étalon que
j'aie jamais vu. Les chevaux sont couverts de
brillants carapaçons de soie qui tombent jusqu'à terre ; leurs têtes et leurs cous sont ornés
d'une profusion de brides en cuir rouge ou
jaune rehaussées de pompons de soie. Enfouis
dans leurs hautes selles richement brodées,
les pieds, chaussés de bottes en maroquin, à

plat dans les larges étriers tranchants qui
ensanglantéront tout à l'heure les flancs de
leurs montures, le sabre passé dans la ceinture, le fusil à la main, le burnous flottant
sur les épaules, les cavaliers attendent immobiles le signal.

Le Caïd fait un geste. L'escadron brillant se
range en bataille et s'élance au triple galop
contre un ennemi imaginaire. Bientôt deux
groupes distincts se forment, chargent l'un sur
l'autre, se mêlent, se froissent au milieu d'un
nuage de poussière d'où sortent des cris sauvages et des hennissements de chevaux. La
poudre parle et son âcre parfum enivre les
hommes et les bêtes.

Cependant l'ordre se rétablit. L'escadron se
reforme à l'une des extrémités du champ de
manœuvre. Un cavalier s'en détache, puis un
autre, puis un autre encore, tous suivent un à

un. Couchés sur l'encolure, debout sur la selle ou penchés jusqu'à terre, les sauvages enfants du désert, poussant des hurlements frénétiques, se précipitent dans un galop furieux, déchargent leurs fusils, les lancent en l'air et les rattrapent au vol, tirent leurs sabres et les font étinceler autour de leur tête en moulinets rapides ; puis d'un coup sec du mors, arrêtant leurs chevaux qui plient sur leurs jarrets tendus à se briser, reviennent au point de départ pour recommencer leur chevauchée endiablée à travers les tourbillons de poussière et la fumée de la poudre.

Je ne connais pas de spectacle plus impressionnant.

Une lutte entre un piéton et un cavalier nous permet d'admirer plus à l'aise l'extraordinaire habileté de ces hommes, véritables

5.

centaures qui ne semblent faire qu'un avec leur monture.

. . . .

Nous nous retirons pendant que la musique des tirailleurs joue la Marseillaise.

Le soir, nous assistons à la Casbah à une représentation d'Aïssaouas organisée par M. Abria. Même musique, mêmes mouvements frénétiques qu'à Kairouan ; mais les Aïssaouas de Sousse sont des jongleurs. Leurs exercices n'ont rien de répugnant.

Le lendemain matin, nous prenons à cinq heures le train qui doit nous ramener à Tunis où nous arrivons à midi. Le temps de sauter dans une voiture, de courir à la poste et de prendre nos bagages au lycée, puis nous embarquons à bord de la « *Ville de Barcelone* » qui va nous ramener en France.

Les collègues de Tunis nous ont accompa-

gnés jusqu'au quai d'embarquement. M. Millet
a tenu à venir nous apporter ses souhaits de
bon voyage.

Derniers serrements de mains, derniers cris
de : Vive la France ! Vive la Tunisie !
Vive M. Millet ! et nous quittons, non
sans une nuance de mélancolie, cet admirable
pays qui nous a offert une succession de
tableaux si impressionnants, encadrés par la
plus cordiale hospitalité.

La *Ville de Barcelone* doit faire escale à
Bizerte, où nous arrivons à 5 heures. Après le
dîner à bord et une dernière promenade sur
les rives du lac, nous nous éloignons définiti-
vement de la terre d'Afrique.

Il règne une houle assez forte qui nous fait
présager un retour moins calme que l'aller.
En prévision d'une attaque de mal de mer, je
gagne ma cabine d'où je ne sors guère que

pour débarquer le surlendemain matin sur le
quai de la Joliette.

Une rapide excursion dans Marseille en
attendant que la bouillabaisse obligée fut cuite
à point, un solide déjeûner pour réparer les
fatigues du mal de mer, et chacun se mit en
devoir de regagner ses pénates, emportant le
souvenir ineffaçable du magnifique voyage
qu'il venait de faire.

RÉSUMÉ DES CONFÉRENCES

FAITES DANS PLUSIEURS COMMUNES A LA SUITE
DE NOTRE EXCURSION EN TUNISIE

RÉSUMÉ DES CONFÉRENCES

FAITES DANS PLUSIEURS COMMUNES A LA SUITE
DE NOTRE EXCURSION EN TUNISIE

————

Je revins absolument enthousiasmé de mon voyage, bien persuadé qu'un cultivateur intelligent et laborieux, disposant de capitaux suffisants, pourrait se créer là-bas une situation bien supérieure à celle que lui donneraient en France ces mêmes capitaux.

Je fis dans différentes communes plusieurs conférences sur ce sujet. Ces conférences illustrées de projections lumineuses, réunirent jusqu'à 350 auditeurs, et parurent toujours vivement intéresser le public.

Je les résume ici, en quelques pages, qui décideront peut-être quelques jeunes agriculteurs de nos contrées à se rendre en Tunisie.

LA TUNISIE

Situation étendue, climat. — La Tunisie est située au nord de l'Afrique, à l'est de notre grande colonie de l'Algérie. La Méditerranée la baigne au nord et à l'est, formant sur ses côtes les golfes de Tunis, de Hammamet et de Gabès. Les dernières ramifications de l'Atlas y viennent mourir au cap Bon. Elle a peu de cours d'eau. Le principal est la Medjerda.

Son étendue est de 120,000 kmq. environ, un peu plus du quart de la France.

Au point de vue du climat, elle se divise en

trois régions bien distinctes : la région du nord qui reçoit assez d'eau pour que toutes les cultures de France y soient possibles ; la région centrale, favorable à la culture de l'olivier ; le sud, brûlé par le soleil.

Population. — Sa population s'élève à 1,500,000 habitants environ. C'est un composé de races extrêmement mélangées parmi lesquelles il est à peu près impossible de reconnaître le type primitif.

Histoire. — Vers le XI⁰ siècle avant J.-C., les Phéniciens y fondèrent des colonies : Utique, Bizerte, Tunis, Sousse.

Beaucoup plus tard, une princesse tyrienne, Didon, chassée de sa patrie par une révolution de palais, vint débarquer avec ses compagnons à quelque distance de Tunis où elle fonda une nouvelle ville, Carthage.

Celle-ci ne tarda pas à prendre une extension considérable. Non seulement elle soumit les autres colonies phéniciennes plus anciennes et domina dans l'Afrique du nord ; mais elle se rendit maitresse de toute la Méditerranée centrale et occidentale et d'une partie de l'Espagne. Ses vaisseaux s'en allaient jusque dans la Grande-Bretagne et l'Europe du nord,

Elle devait fatalement se heurter à Rome. Une longue lutte éclata entre les deux peuples. Elle dura de 264 à 146 avant J.-C. et se termina par la ruine complète de Carthage qui fut entièrement détruite par Scipion Emilien. L'Afrique devint une province romaine, et l'une des plus prospères.

Sous l'impulsion habile et énergique de Rome, la Tunisie se couvrit de riches cultures et de florissantes cités, dont la splendeur est encore attestée par les ruines qui surgissent, pour ainsi dire, à chaque instant sous les pas du voyageur.

Elle comptait alors cinq ou six fois plus d'habitants qu'aujourd'hui et était le grenier de Rome.

Au Ve siècle, à la chute de l'empire romain, elle fut effroyablement ravagée par les Barbares et tomba sous la domination des Vandales.

Reprise par les Byzantins, elle fut submergée au VIIe siècle par le flot de l'invasion des Arabes, que Mahomet lançait à la conquête du monde. Plusieurs dynasties se succédèrent à Kairouan, qui fut longtemps la cité dominante, et à Tunis, qui finit par devenir prépondérante.

En 1270, le roi saint Louis mourut sous les murs de cette dernière ville dont il ne put s'emparer.

Vers le XIVe siècle, Tunis devint un repaire

de pirates. En 1535, Charles-Quint s'en empara et refoula les corsaires turcs qui s'y étaient établis. Mais la domination des Espagnols fut éphémère et Tunis retomba sous celle des Turcs.

Les événements qui placèrent la Tunisie sous notre protectorat sont encore trop récents pour qu'il soit nécessaire de les rappeler. A la suite d'incursions répétées des tribus de la Khroumirie sur le territoire algérien, une expédition fut décidée. Nos troupes éprouvèrent peu de résistance et, le 12 mai 1881 le bey Mohammed-Es-Sadok signa au palais de Kassar-Saïd le traité qui mettait la Régence sous notre protectorat. La convention du 8 juin 1883 compléta ce traité.

Protectorat français. — Le Bey reste le souverain nominal du pays ; mais en fait, le pou-

voir est entre les mains du Résident général de
France, Ministre des Affaires étrangères du
Bey, Président du Conseil des ministres, chef
des forces de terre et de mer. Les finances, les
travaux publics, l'enseignement, les postes et
télégraphes, l'agriculture, ont à leur tête un
Directeur nommé par le gouvernement français.

Les indigènes restent soumis à la justice du
Bey. Quant aux Européens, ils sont justicia-
bles des tribunaux français.

Son œuvre. — L'œuvre accomplie en Tunisie par le Protectorat français est tout simplement admirable, et quand on a été à même de
la juger de visu, on ne peut plus souffrir d'entendre répéter comme une chose vraie *à
priori* : Les Français ne sont pas colonisa-
teurs.

La sécurité assurée partout, l'ordre rétabli dans les finances, près de 2,000 kilomètres de voies ferrées livrés à l'exploitation ; les principaux centres reliés par des routes carrossables parfaitement entretenues ; le pays couvert d'un réseau serré de fils télégraphiques ou téléphoniques ; les ports de Bizerte, Tunis, Sousse, Sfax, ouverts au commerce ; l'enseignement public assuré par le fonctionnement d'écoles de tout ordre qui reçoivent aujourd'hui plus de 16,000 élèves (Lycée Carnot, Collège Alaoui ou Ecole normale d'Instituteurs ; Collège Sadiki, réservé aux indigènes, Ecole secondaire de jeunes filles) : telle est, en raccourci, la tâche accomplie en moins de vingt années sous l'impulsion énergique de MM. Cambon, Massicault, Rouvier et René Millet, successivement résidents généraux en Tunisie.

La colonisation. — Il semble donc qu'un courant d'émigration important devrait se dessiner vers ce pays situé à quelques heures seulement des côtes de France, dont le climat est salubre et agréable et qui pourrait nourrir une population 5 ou 6 fois supérieure à celle qui y vit actuellement.

Malheureusement, nous ne nous expatrions pas facilement en France. Il y a sans doute à cela des causes fort nombreuses et assez difficiles à déterminer exactement. La crainte de perdre une situation modeste, mais assurée, sans être certain d'en conquérir une meilleure; l'ignorance où l'on est des conditions d'existence aux colonies; la répugnance qu'éprouvent la plupart des gens de la campagne à s'éloigner beaucoup du lieu où la famille est établie, sont, je crois quelques-unes de ces causes.

Notre faible natalité et la façon déplorable dont nous élevons nos enfants en est une autre.

Beaucoup de gens considèrent comme un malheur d'avoir beaucoup d'enfants et s'appliquent consciencieusement à en restreindre le nombre. Un seul enfant : tel est l'idéal de beaucoup de ménages modernes. Le fils unique, cette plaie sociale, devient ainsi de plus en plus la loi universelle. On l'élève dans du coton, on le bichonne du matin au soir, on prévient tous ses caprices, on fait toutes ses volontés, on lui donne raison en toutes choses, on s'applique à lui éviter toute contrariété et tout effort ; on ne manque pas de lui faire entrevoir qu'un jour il pourra couler doucement l'existence grâce aux économies du papa. A-t-il obtenu un vague titre universitaire, on importune le Député ou le Sénateur pour le caser dans une administration quelconque. Et on est convaincu d'avoir assuré son bonheur. On a tout simplement fait un être d'un égoïsme féroce, sans esprit d'initiative, sans énergie, sans ressort moral.

Ce ne seront pas ces êtres là qui peupleront notre domaine colonial, ni qui assureront la grandeur de la Patrie.

Souhaitons que ces mœurs détestables se transforment rapidement. Armons nos enfants pour la lutte, fortifions leur corps et leur caractère, développons en eux la hardiesse et l'esprit d'initiative, pénétrons-les de cette idée que tout homme a le devoir de travailler pour se faire sa place dans la société et que c'est une lâcheté de vivre dans l'oisiveté en escomptant à l'avance la succession paternelle.

Nous ferons ainsi des hommes d'énergie capables de propager dans le monde la langue, les mœurs, l'esprit, l'influence de la

France, et de ce jour, notre magnifique domaine colonial ne manquera plus d'exploitants.

. . . .

Examinons maintenant les conditions de la colonisation en Tunisie.

Nous diviserons notre étude en trois parties :

1° Quels sont ceux qui peuvent aller en Tunisie avec chance d'y réussir ?

2° Que doivent-ils y faire ?

3° A quelles conditions réussiront-ils ?

A) *Ceux qui peuvent aller en Tunisie* sont :

Les gros capitalistes. Ceux-là ont chance de réussir partout, et l'exemple de Potinville est une preuve de ce qu'ils peuvent faire.

Les cultivateurs possédant des capitaux ;

Les cultivateurs de profession avec peu ou même point de capitaux ; à condition qu'ils aient l'assurance de s'y placer en qualité de métayers, de maîtres-valets ou de fermiers dans de grandes exploitations.

De commerçants, d'employés, d'ouvriers, il n'en faut pas.

Le commerce est entre les mains des Juifs qui, à leurs aptitudes naturelles pour le trafic, joignent une connaissance approfondie de la langue et des mœurs du pays. Il ne faut pas songer à lutter contre eux.

Les emplois chez les commerçants ou dans les administrations sont accaparés par les jeunes indigènes élèves du Collège Sadiki.

Les professions manuelles sont exercées par des Italiens et des Maltais qui, pouvant se contenter d'un salaire peu élevé, rendent la concurrence impossible.

Seuls quelques ouvriers agricoles (charrons, forgerons, bourreliers), auraient chance de

réussir, à condition de s'établir dans un centre
agricole et de joindre à l'exercice de leur profession, tout au moins dès le début, la culture
d'un petit domaine.

Donc, ce qu'il faut à la Tunisie, pays essen-
tiellement agricole, qui ne renferme ni houille, ni
gisements miniers importants, à l'exception des
phosphates de Gafsa, ce sont des cultivateurs.

B) *Qu'y feront-ils?*

Dans la région du Sud, à cause du manque
d'eau, on ne peut guère cultiver que le pal-
mier, dans les oasis. A l'ombre des palmeraies,
on peut, il est vrai, pratiquer d'autres cultures,
notamment celle des arbres fruitiers. Toutefois,
cette région ne sera jamais bien propre à la
colonisation.

Le Centre se prête admirablement à l'élevage des moutons et à la culture de l'olivier.

C'est dans le Nord que les colons devront s'établir.

Le climat de cette partie de la Tunisie se rapproche beaucoup de celui de la Provence et du Languedoc. Il y tombe annuellement autant d'eau qu'en France. De juin à septembre, la sécheresse est ininterrompue. La chaleur y est un peu plus grande que sur les côtes de la Méditerranée; mais les vents dominants de N.-E. et de N.-O. y rendent la température très supportable. Le sirocco n'y souffle pas plus de douze à quinze jours par an à différents intervalles. L'hiver y est d'une douceur incomparable.

Dans cette région, toutes les cultures françaises sont possibles, à condition qu'elles y soient pratiquées d'une manière propre au climat du pays.

C) Avant de rien entreprendre, le colon

6.

devra s'entourer de tous les renseignements
possibles. Ces renseignements, il les trouvera
auprès des colons déjà établis, à la Direction
générale de l'agriculture et à l'Ecole coloniale
d'agriculture. Des ingénieurs agricoles seront
mis à sa disposition pour le guider. On lui
fera gratuitement toutes les analyses de terrain
qu'il désirera. A l'Ecole coloniale, il pourra
constater le résultat des expériences pratiquées
journellement sur les cultures, l'élevage du
bétail, la fabrication de l'huile d'olive, etc.
Des plants d'arbre seront mis, pour ainsi dire
gratuitement, à sa disposition.

La main d'œuvre, il la trouvera chez les
Arabes, qui travaillent volontiers et qui se
contentent d'un salaire de 1 fr. 25 à 1 fr. 50
par jour, sans nourriture.

Ses ennemis sont la sécheresse et les sauterelles.

Pour un cultivateur intelligent, la sécheresse n'est pas aussi redoutable qu'on pourrait le croire. En Tunisie, la végétation — qui cesse à partir de 10° — est à peine arrêtée durant un mois ou six semaines au plus. La jeune plante peut donc utiliser immédiatement l'humidité du sol pour sa croissance avant la sécheresse. De plus, d'abondantes fumures de fumier de ferme empêcheront le dessèchement rapide du sol.

Quant aux sauterelles, outre qu'elles n'apparaissent qu'à de rares intervalles, il est assez facile de les détruire dès leur éclosion, si on a eu soin d'observer les lieux de ponte. Sinon on a recours à l'appareil cypriote.

L'Etat ne donne pas de terres aux colons. Ceux-ci doivent les acheter, soit à l'Etat lui-même qui les vend de 50 à 150 fr. l'hectare, soit à des particuliers en traitant avec eux de

gré à gré: Son contrat de vente passé, le colon
demandera l'*immatriculation* de sa propriété.
« Par ce système, tout acquéreur peut deman-
der que l'abornement et la description de la
propriété soient faits, que les charges, hypo-
thèques et d'autres droits réels, soient —
après enquête publique et jugement, s'il y a
contestation, par le tribunal mixte spécial —
apurées et inscrites ; il reçoit ensuite le titre
qui porte la description et l'énumération des
charges, s'il y en a, et devient la constitution
légale de la propriété ; contre lui, aucune
revendication pour des droits antérieurs n'est
admise et les charges postérieures ne valent
qu'autant qu'elles sont inscrites sur le titre
même. » (E. Levasseur).

Le colon ayant peu de capitaux, peut encore
obtenir la disposition de vastes étendues de
terres au moyen de l'*enzel* qui s'applique

principalement aux biens *habous*. Ceux-ci,
appartenant en majeure partie à des congré-
gations religieuses, sont inaliénables. La jouissance en est cédée aux colons, moyennant
une rente à débattre ; mais la propriété du
fonds n'est pas vendue. On peut cependant,
sous certaines conditions, et dans certains
cas, devenir propriétaire de bien habous.

Ainsi le cultivateur, disposant d'une ving-
taine de mille francs, s'il est intelligent, actif,
sobre, s'il s'entoure de tous les renseignements
désirables que des gens compétents ne deman-
dent qu'à lui fournir, s'il n'entreprend pas de
spéculations hasardeuses, est sûr de réussir à
se créer en Tunisie une situation deux ou trois
fois plus large que celle que son capital lui
permettrait d'avoir en France.

Quant aux cultivateurs sans ou avec peu de
capitaux, voici quelle est leur situation quand

ils ont réussi à se placer dans une grande exploitation agricole en qualité de métayers, de maîtres-valets ou de fermiers.

« *Métayers*. — Le propriétaire fournit une maison de trois pièces, une écurie de 20 mètres sur 7, 20 vaches, 8 bœufs de labour, 10 taurillons ou génisses, 50 hectares environ de terres labourables dont 10 défoncés à 0m50 pour le vignoble. Le métayer a droit à tous les produits du jardin et de la basse-cour. Les autres produits se partagent par moitié, mais le propriétaire contribue aux frais de moisson et de battage, en payant au métayer une indemnité de 1 fr. 50 par 100 kilogrammes de blé et de 1 fr. par 100 kilogrammes d'avoine pour l'ensemble des grains récoltés sur le domaine. Tous les autres frais d'exploitation sont à la charge du métayer. Le propriétaire exige que le métayer pos-

sède une somme de 1,000 à 2,000 fr. pour l'a-
chat de son matériel et de sa subsistance.

Maîtres-Valets. — Le maître-valet doit être
muni d'excellentes références et avoir un ou
deux enfants au moins en âge de travailler.
Plusieurs propriétaires donnent un salaire en
espèces de 2,000 fr. par an à la famille française qui comprend trois enfants en âge de
travailler, âgés de plus de 13 ans. En outre, la
famille a droit à un porc gras, à huit hectolitres
de vin par an, à tous les produits de la volaille,
du jardin et au lait d'une vache laitière, le tout
pour sa consommation personnelle. Le contrat
d'engagement dure une année. »

Quant aux fermiers, il y en a encore très
peu. Les familles françaises établies en Tunisie
préfèrent travailler au métayage que de se
risquer à faire valoir, à leurs risques et périls,

un domaine dans un pays qu'elles ne connaissent pas assez.

Il est bon, pour terminer, de faire ressortir les avantages particuliers réservés aux émigrants :

Les jeunes Français établis en Tunisie six mois avant leur tirage au sort, qui prennent l'engagement de rester dix ans en Afrique, ne font qu'une année de service militaire.

La vie n'est pas chère. « Les impôts de consommation sont peu élevés : Le sucre vaut 0 fr. 35 à 0 fr. 40 le kilog ; le café, 3 fr. ; le pétrole, 0 fr. 40 le litre ; la viande, 1 fr. 20 à 1 fr. 50 le kilog. »

J. SAURIN.

Il n'y a pas d'impôt direct sur la terre.

FIN

TABLE DES MATIÈRES

———

———

Baugé (Maine-et-Loire). — Imprimerie DALOUX.

(1900)

www.ingramcontent.com/pod-product-compliance
Lightning Source LLC
Chambersburg PA
CBHW052115090426
42741CB00009B/1823